LE BON HERMITE,

COMÉDIE, EN UN ACTE, EN PROSE.

MÊLÉE DE VAUDEVILLES ET D'AIRS NOUVEAUX.

Par le Citoyen PREVOST-MONTFORT.

Représentée pour la première fois, à Paris, sur le Théâtre de la Cité-Variétés, le 14 Avril 1793, l'an premier de la République Françaife, une & indivisible.

Prix 1 liv. 5 sols.

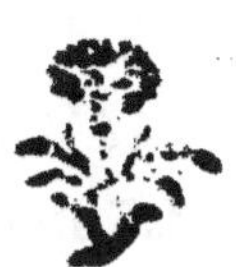

A PARIS,

De l'Imprimerie de CAILLEAU, rue Gallande, N.° 64, 1794. (*vieux ftyle.*)

L'an fecond de l'Ere Republicaine.

PERSONNAGES.

LE BON HERMITE.

MICHAUT, Bûcheron.

MERINVAL, ſous le nom de Paulin, fils du bon Hermite.

RAIMONDE, fille de Michaut

COLAS, petit Villageois.

LUCETTE, ſœur de Colas.

CHEF DE BRIGANDS.

BRIGANDS.

La Scène repréſente un vallon ; à gauche, l'entrée d'une forêt & la cabanne de Michaut ; à droite, quelques chaumières, & au fond, une hauteur, au bas de laquelle coule un ruiſſeau.

Je, ſouſſigné, déclare avoir cédé au Citoyen Cailleau, les droits d'imprimer & de vendre LE BON HERMITE, COMÉDIE, EN UN ACTE, EN PROSE, MÊLÉE DE VAUDEVILLES ET D'AIRS NOUVEAUX, ſans préjudice de mes droits d'Auteur que je me réſerve ſelon l'article de la loi, ſur les Théâtres auxquels je donnerai le droit de la repréſenter. A Paris, ce duodi 2 Pluviose, l'an ſecond de la République.

PREVOST-MONTFORT.

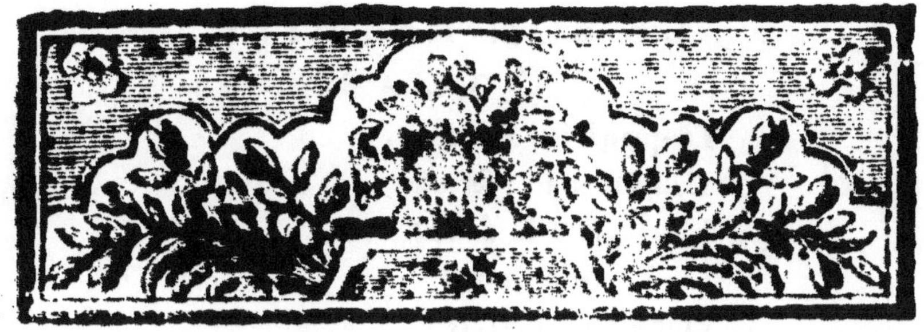

LE BON HERMITE.

SCÈNE PREMIÈRE

LUCETTE, COLAS, *portant à la ville, l'une son lait, & l'autre ses fruits.*

LUCETTE, *arrachant à Colas son pot de lait.*

AIR nouveau.

EH! mais, Colas, finiras-tu?
Auras-tu bientôt assez bu?
De tous côtés, tu sçais comme on abonde
A la ville pour avoir d'not' lait;
Mais la gourmandise aura fait
Que j'n'en n'aurons pas pour tout l'monde:
En vérité! ça fait pitié;
Voyez; v'là ma cruche à moitié.

COLAS.

Tu t'tourment' là pour eun' misère,
Lucet! v'la-ty pas un ruissiau?

LUCETTE.

Ah ben oui! cela ferait biau;
Moi, dans mon lait mettre de l'yau;
Y penses-tu, mon frère?

COLAS.

Et quand jeu l'ferions,
Crois-tu que j'ferions
Les seuls à le faire?
Non, non;
Que ça ne t'arrête;
Mets ben dans ta tête
Qu'des laitières du canton
C'est la seule façon;
Et jamais à la ville,
Perette, Fanchon, ni Lucile,
Ne portent leur lait
Qu'après l'avoir fait.

ENSEMBLE.

Et jamais, &c.

COLAS, *ramassant une boëte, après avoir rempli la cruche de Lucette.*

Mais quequ'c'est ça?... une boëte!...

LUCETTE.

Voyons donc....

COLAS, *ouvrant la boëte.*

Un portrait!... c'est celui d'un vieillard!

LUCETTE.

Ah! comme il est joli, ce portrait! comme y a ben d'l'or tout autour!...

COLAS.

Ah! queu bonn' trouvaille!...

LUCETTE.

Faut vite aller à la ville; & si j'trouvons à la vendre, ça nous vaudra ben d'l'argent.

COLAS.

Comme t'es intéressée, ma sœur!

Intéressée ! nenny ; mais j'voudrions êtr' riche, à celle fin d'faire ben des heureux.

Air nouveau.

Tiens, mon frèr', quand j'voi
Queuq'z'un, qu'le sort accable,
Sitôt j'sens à part moi
Un je n'sçais quoi
Qui m'dit : « attendris-toi
» Au sort de ton semblable. »

COLAS.

Même air.

Et moi, tout d'même aussi ;
J'nons pas l'âme pas dure :
Mais quec c'est donc que c'cri (*en montrant son cœur.*)
Qu' j'entends ici
Qui m'rend l'cœur attendri ?

ENSEMBLE.

Ah ! oui...
C'est l'cri de la nature.

COLAS.

Allons ; n'faut pas nous arrêter davantage.

LUCETTE.

T'as raison, Colas.

AIR : *Allez vous-en, gens de la noce.*

Allons ; v'là le jour qui s'avance,
Mon frèr' ; courons vite au marché.
Eh ! mais vraiment ; j'crois qu'y r'commence :
Finis ; tu m'empêch' d'marcher.

COLAS.

Laisse-moi faire.

LUCETTE.

Veux-tu cesser ?
Ne lasse point ma patience ;
J'croyons qui n'en veut pas laisser.

COLAS.

Y a d'l'eau là-bas en abondance ;
Eh bien ! je sçaurons y en r'varser.

LUCETTE, *en voyant Reimonde paraître à la fenêtre.*

Tiens ! tiens ! pourvu qu'on ne nous ait pas vus.

SCENE II.

RAIMONDE *seule à la fenêtre de la chaumière.*

QUELLE belle matinée !

AIR : *Je l'ai planté, je l'ai vu naître.*

Chaque matin, de ta lumière,
Soleil, je bénis le retour,
Sur-tout, si l'aurore prospère
A pu m'annoncer un beau jour.

Même air.

Comme une plante salutaire
Qui verse un baume dans le cœur,
Un beau jour calme la misère,
Et donne du prix au bonheur.

Pour moi, depuis que Paulin habite ce village, la vie semble avoir plus de charmes à mes yeux ; mais le voilà....

SCENE III.

PAULIN, RAIMONDE, *toujours à la fenêtre.*

PAULIN *au pied de la chaumière.*

DÉJA levée, ma Raimonde !

RAIMONDE.

Et déjà je pensais à Paulin.

PAULIN.

Je fais mieux, mon amie ; je ne suis jamais un seul instant sans m'occuper de toi, & la nuit comme le jour, ton image est présente à ma pensée.

AIR : *Pauvre Jacques.*

La campagne, sans l'astre bienfaisant
Qui semble lui donner la vie,
N'offrirait point un coup-d'œil si riant ;
La fleur serait bientôt flétrie,
L'arbre mourrait, n'ayant plus de chaleur,
Et tout périrait dans le monde ;
Ainsi l'amant, dont tu fais le bonheur,
Ne sçaurait vivre sans Raimonde.
La campagne, &c.

RAIMONDE.

Me crois-tu moins tendre envers toi ?

PAULIN.

Non, mon amie.

RAIMONDE.

Paulin, tu ne te fâcheras pas si je te quitte un instant.

PAULIN.

Quoi! déjà!...

RAIMONDE.

Il me faut un bien grand motif pour me séparer de toi; mais mon père va bientôt revenir de la forêt, & je vais préparer son déjeûner; je suis à toi dans l'instant.

SCENE IV.

PAULIN *seul.*

QUELLE belle âme que celle de cette aimable fille! Quel plaisir de se voir aimé d'un objet si parfait!

AIR : *Peut-on goûter quelque repos?*

Des Dieux protecteurs de ses jours,
Ma Raimonde est la douce image;
C'est la candeur du premier âge,
C'est la volupté des amours;
Mais pour cette beauté si chère;
Ce qui cause ma vive ardeur,
C'est la pureté de son cœur,
Et sa tendresse pour son père.

Même air.

Qu'elle est touchante le matin,
Quand lui présentant son hommage,
Elle fait son plus doux partage
De se voir presser sur son sein!
Ah! pour celui qui la fit naître,
Témoin de mon tendre retour,
Je me rappelle mon amour
Pour celui qui me donna l'être.

Hélas! depuis si long-temps qu'il est soustrait aux regards de son fils ; j'ai fait de longs voyages pour découvrir la retraite de ce mortel adoré, sans pouvoir le trouver ; j'ai parcouru bien des lieux avant que la vue de Raimonde m'ait comme forcé, malgré moi, à m'arrêter près de cette chaumière.... On ouvre... c'est elle ; j'ai cherché, pour cette tendre amie, dans le verger, la fleur qui approchât le plus de la beauté de son âme, (*en montrant une rose*) & je crois l'avoir trouvée... Courons la lui offrir...

SCENE V.

PAULIN, RAIMONDE.

PAULIN.

TIENS, Raimonde ; accepte ce bouquet : c'est le seul don que j'ai pu te faire ; mais c'est le cœur le plus tendre qui te l'offre.

RAIMONDE.

AIR : *Tous les Français qui, loin de nous* (du club) *des Bonnes gens.*

Paulin, les plus riches présens
De l'Amour ne sont point le gage ;
Une rose, une fleur des champs
Nous flatte souvent davantage ;
Et les biens les plus précieux,
L'espoir de la fortune même,
Ne valent jamais, à nos yeux,
Le bluet de celui qu'on aime.

Mais, mon ami, si je ne craignais d'être indiscrette, je te ferais une demande.

PAULIN.

Parle, & sois sûre d'être obéie.

RAIMONDE.

Tu vas peut-être me trouver bien curieuse.

Air nouveau.

Mais dame !
Je suis femme,
Et j'ai dans l'âme
Ce péché maudit,
Qui, dit-on, perdit
Notre première mère ;
Mais c'est bien naturel ;
Est-on si criminel
Sur la terre
Pour vouloir
Savoir
Ce qu'on veut vous taire ?
Oui, moi ;
Je suis de bonne-foi.
Eve fut curieuse,
Et sa facte eut pour tous
Une suite fâcheuse ;
Mais entre nous,
Je me mets à sa place ;
Oui, malgré la menace
De l'Etre puissant,
Cédant
A son penchant,

Raimonde, infidelle,
Aurait bien pu
Goûter, comme elle,
Du fruit défendu....

PAULIN.

Eh bien! que desires-tu de moi?

RAIMONDE.

Je t'ai vu plusieurs fois à l'écart tenir une petite boëte, l'ouvrir, la refermer, & puis l'ouvrir encore; tu la baisais aussi, & semblais tout attendri en la regardant. He bien! je voudrais sçavoir ce qu'elle contient.

PAULIN.

Ah! volontiers... C'est sans intention, si je ne te l'ai pas encore montrée... Tu ne m'en voudras pas, Raimonde, de marquer de la tendresse pour celui dont elle renferme le portrait; helas! c'est le seul bien qui me reste d'un père malheureux; (*Il cherche dans sa poche & ne trouve pas la boëte.*) mais, comment!... où est elle, cette boëte?... tu l'auras trouvée, peut être?..

RAIMONDE.

Moi!....

PAULIN.

Tu veux me la faire chercher?...

RAIMONDE.

Je t'assure que je ne l'ai point vue....

PAULIN, *avec agitation.*

O malheur!... où suis-je? où ai-je été? dans quels lieux puis-je l'avoir perdue?... Ce matin, je la tenais encore, quand je me suis arrêté ici.... L'aurais-je oubliée auprès de ce ruisseau; elle n'y est pas. Ah! cherchons-là par-tout; je n'aurai point de tranquillité que je ne l'aie retrouvée. (*Il sort tout occupé de son objet, sans même regarder Raimonde.*

SCENE VI.

RAIMONDE *seule.*

PAULIN !... Paulin !... Il ne me répond pas... Quoi ! me fuir ainsi, sans s'expliquer davantage.. Faut-il en croire mes soupçons ?... Une boëte dont il ne m'avait point parlé !... Un portrait, qu'il dit être celui de son père & qu'il feint d'avoir perdu lorsque je demande à le voir ! Non ; mon malheur est certain.

AIR : *Lise chantait dans la prairie.*

Helas ! de sa flamme secrette,
Je n'ignore plus le sujet ;
Dans cette fatale boëte,
De son amante est le portrait ;
Mais en vain son espoir se fonde
Sur l'amour d'un plus tendre objet ;
Il est bien des beautés au monde,
Mais il n'est (*bis.*) qu'un cœur de Raimonde.

J'apperçois mon père ; rentrons, & qu'il n'apperçoive point le trouble qui m'agite.

SCÈNE VII.

MICHAUT *seul.*

Air nouveau.

LE joli bien qu'la Libarté !
Aller courir à son envie,
Rester quand il prend fantaisie,
C'est la seule félicité ;

Après l's'honneurs & la richesse,
J'voyons ben du monde qui s'empresse;
Mais on a biau, d'tous ces biens là,
Se faire un brillant étalage,
Sans la Liberté, qu'est tout ça?
D'la fumée, rian davantage.

Même air.

Je n'sis qu'un pauvre bûcheron;
L'indigence fait mon partage;
Mais je sis libre, & c't'avantage
Fait tout l'bonheur d'ma maison.
Je sis heureux dans ma misère;
Hormis le mal, je puis tout faire;
Je sis aimé de mes enfans;
J'les aime & les chéris de même;
Et dans leurs doux embrassemens,
J'éprouve le bonheur suprême.

Ils sont sans doute ensemble, mon Paulin & ma Raimonde; courons les chercher; car je r'gardons comme perdus les momens que j'passons loin d'eux.

(*On entend dans les coulisses fredonner l'air suivant sur le violon de l'Hermite.*)

AIR : *Un petit Capucin.*

Mais d'où vient cette aubade?
. . . . Crin, crin, crin, crin;
Mais d'où vient cette aubade?
J'aime cet air charmant,
Vraiment;
J'aime cet air charmant.

✠

SCÈNE VIII.

MICHAUT, L'HERMITE.

L'HERMITE.

Suite de l'air.

FAITE la charistade,
. . . . Crin, crin, crin, crin;
Faite la charistade
Au pauvre malheureux
Boiteux,
Au pauvre malheureux.

MICHAUT.

Même air.

Ah! c'est le bon Hermite!
. . . . Crin, crin, crin, crin.
Ah! c'est le bon Hermite
Du Mont S. Florentin,
Voisin
Du nom S. Florentin.

✧

Père, je vous invite
. . . . Crin, crin, crin, crin,
A nous rendre visite,
Et vous nous laissez là,
Papa,
Et vous nous laissez là.

V'là trois mois entiers qu'on n'vous a vu dans c'village.

L'HERMITE.

Je n'aime pas à rester en place, moi... Je vais, je viens; je suis toujours en course, (*A part.*) le ciel sçait pourquoi; (*Haut.*) & puis, voyez-vous, on craint d'être à charge.

MICHAUT.

Vous, bon-homme!...

L'HERMTE.

Oui...

AIR : *Ne dérangez pas le monde;*

Il n'est pas aisé de plaire,
Quand on demande à chacun;
Et le pauvre envers son frère,
Craint toujours d'être importun;
Si-tôt qu'on le voit paraître,
On s'éloigne avec dédain...

MICHAUT, *à part.*

Le ciel l'avait-y fait naître
Pour un semblable destin?...

(*Haut.*)

Et c'tapendant, si l'riche voulait être juste!

AIR : *On dit que dans le mariage.*

Ecartant l'orgueil qui l'domine,
S'il voulait penser un instant,
Et remonter à l'origine
D'c'ti qui fut son premier parent,
Y verrait clairement
Qu'l'homm' le plus puissa. ,
Et c'tylà qu'est dans la misère,
Avaient tous deux (*bis.*) l'même père.

Ah ça! bon-homme, puisqué vous v'là, vous allez boire un coup avec nous.

L'HERMITE.

Volontiers; aussi j'ai grand besoin.

MICHAUT.

Hé ben! tenez, v'nez; j'allons dire à not' fille de nous tirer une bonne bouteille de vin... entrons.

L'HERMITE.

Et pourquoi pas la boire sous ces arbres; il fait si beau.

AIR : *Avec les Jeux & les Amours.*

C'est pour nous abriter du froid
Et des mauvais temps sur la terre,
Si le ciel nous laissa le droit
De nous construire une chaumière;
Mais c'est l'ombrage d'un ormeau
Qui doit nous couvrir s'il fait beau,
Et durant la verte saison,
Si la journée est claire & pure;
Se renfermer dans sa maison,
C'est insulter à la Nature.

MICHAUT.

Vous avez raison, papa, & je vais lui dire de nous servir ici.

SCÈNE IX.

L'HERMITE *seul, sortant de sa gaieté affectée & marchant droit.*

ME voilà seul. Je puis donc enfin sortir de ma contrainte: cruelle situation! mon âme est navrée de douleur, & je suis forcé de feindre par fois de la gaieté... Le ciel m'accorde la santé, & je me vois obligé de contrefaire

contrefaire jusqu'à la nature de mon être pour me soustraire aux perquisitions de mes vils assassins. O injustice ! ô bonté de l'humanité !... C'est pourtant pour avoir sçu déplaire à la maitresse d'un homme que le ciel semblait avoir élevé plus que moi, que, proscrit de mon pays, j'erre comme un fantôme vivant, au loin des lieux qui m'ont vu naître, sans parens, sans amis, sans avoir un mortel, dans le sein duquel je puisse déposer les chagrins qui me consument. Cruel despotisme ! voilà donc de tes coups?... Tu frappes, sans pitié, l'innocent comme le coupable, & tu peux trouver des âmes assez basses pour être les vils instrumens de tes persécutions... Les lâches ! ce n'était point assez de m'avoir enlevé les biens que je tenais de mes pères... Ils me connaissaient homme & sçavaient que mon cœur aurait méprisé ce revers; mais c'était mon honneur qu'ils voulaient attaquer; c'était le coup le plus terrible pour un père qu'ils se réservaient de porter.

AIR : *Quand le bien-aimé reviendra.*

Il me restait encore un fils
Que j'aimais autant que moi-même;
Mais, Dieux ! bientôt mes ennemis
Me ravirent ce bien suprême.
Fortune injuste ! (*bis.*) ô cruel sort !
Mon tendre fils, peut-être est mort.

Depuis cinq ans, échappé d'une tour affreuse, où mes bourreaux m'avaient enseveli, je cours après ce fils chéri; & lui-même, s'il vit encore, est sans doute à la recherche de son père... Mais on vient; gardons-nous de montrer de la tristesse; ce serait vouloir nous découvrir.

SCÈNE X.

L'HERMITE, MICHAUT ET RAIMONDE, *apportant une bouteille de vin & du pain.*

L'HERMITE, *passant tout de suite de l'abattement le plus grand à la joie la mieux feinte, & se remettant à boiter.*

AIR : *Vive les fillettes.*

Vive l'allégresse;
Durant le printemps,
Jamais de tristesse;
N'importe en quels temps.
J'aimais ma maitresse
Dans mon temps badin;
Mais dans ma vieillesse,
J'aime le bon vin.
Vive, &c.

MICHAUT, *frappant sur l'épaule de l'Hermite.*
Toujours gai, bon-homme !

L'HERMITE.

Que voulez-vous ?... chacun a son caractère. Ah! si vous m'aviez vu dans ma jeunesse, c'était bien autre chose.

MICHAUT.

Je le crois... Allons, tenez, boutez-vous là... Et toi, Raimonde, tu ne bois pas un coup avec nous?

RAIMONDE, *d'un air inquiet.*
Oui, mon père.

MICHAUT.

Tu as l'air ben triste, mon enfant ?

RAIMONDE.

Je n'ai rien.

L'HERMITE.

Cette charmante fille, elle croît & embellit tous les jours.

RAIMONDE, *tâchant de se remettre.*

Vous êtes bien honnête, bon papa ; vous le seriez encore davantage, si vous nous veniez voir plus souvent.

L'HERMITE.

Hé bien ! quand vous marie-t-on, belle enfant ? On ne laisse pas les jolies filles à votre âge sans les courtiser, & la belle Raimonde est bien faite pour l'être par tout ce qu'il y a de mieux dans ce village.

MICHAUT.

Tu dieu ! elle l'est aussi... Il est sur-tout un jeune garçon, un garçon, vraiment ben taillé, qui en sçait long, & qui, depuis qu'il est venu habiter près de nous, l'y a appris tout ce qu'alle sçait ; mais, tenez, vous l'connaissez ; il était à dîner avec nous la dernière fois qu'vous êtes venu.

L'HERMITE.

Je ne m'en rappelle pas.

RAIMONDE.

Mon père, Paulin était sorti ce jour-là...

MICHAUT.

Ah ! c'est vrai... Mais tu m'y fais penser... Où est-il donc allé c'matin ? je n'l'ai pas encor' vu d'aujourd'hui. Mais quoi !... ton cœur semble palpiter.... La douleur est peinte sur ton visage. Ah! je vois quelque p'tite brouille, peut-être; n't'attriste pas, mon enfant; ça n'sera rien.

AIR : *De Chardini.*

Tu peux ben t'attendre en ménage
A trouver de ces p'tits instans;
Il en faut dans le mariage,
Pour nous distraire d'temps en temps;
Il est des brouilles à la mode
Qui ne rend' que ben pus heureux;
On se fâche, on se raccommode,
Et les jours s'en passent ben mieux.

L'HERMITE.

Oui....

Même air.

C'est une ombre souvent heureuse
Qui fait ressortir un tableau;
La saison serait ennuyeuse,
Si le ciel était toujours beau;
Et si l'instant qui suit l'orage,
Fait paraitre le temps plus doux,
C'est souvent après un nuage
Qu'on voit s'embrasser deux époux.

MICHAUT.

Ben dit, bon Hermite; mais v'là l'heure de r'tourner au travail; vous n'venez pas assez souvent ici pour nous quitter comme ça tout de suite... Vous restrez avec nous à dîner.

L'HERMITE.

Soit, puisque vous le voulez; (*A part.*) je ne sçais quel charme inconcevable je trouve à demeurer en ces lieux.

MICHAUT *à Raimonde.*

Toi, not' minagère, tu tiendras compagnie au bon-homme, tout en t'occupant du soin de la maison....

RAIMONDE.

Oui, mon père.

SCÈNE XI.

L'HERMITE, RAIMONDE.

L'HERMITE.

COMME vous devez vous trouver heureuse, belle Raimonde, d'avoir un si bon père!

RAIMONDE.

Le mien aussi a toute ma tendresse & l'aura toujours.

AIR: *L'Amour est un enfant trompeur.*

Mon père est mon plus cher objet;
C'est le bien de ma vie;
Quand mon cœur semble satisfait
Son âme en est ravie;
Et s'il me vient quelques douleurs,
Je sens bientôt sécher mes pleurs
Quand sa main les essuye.

L'HERMITE.

Vous avez bien raison de l'aimer, ce bon père, puisqu'il vous est si attaché; mais vous sçavez ce qu'il vous a recommandé, belle Raimonde: que je ne vous empêche point de vacquer aux affaires de la maison....

RAIMONDE.

Vous permettez que je vous laisse seul ; ce ne sera pas pour long-temps.

L'HERMITE.

Allez, mon enfant ; ne faites pas attention à moi. (*Raimonde rentre dans la maison.*)

SCÈNE XII.

L'HERMITE *seul.*

BON père, tendre fille, comme ces bonnes gens s'aiment entre eux ! Leur affection mutuelle me fait sentir plus vivement encore la perte que j'ai faite de mon fils. Dieu puissant ! toi qui veut le bonheur de ceux que tu fis naître ; grand Dieu ! s'il vit encore, ce fils chéri, fais-moi le bientôt presser sur mon sein.

AIR : *C'est un enfant.*

Si l'homme est le plus bel ouvrage
Que le ciel ait encor formé ;
Si le faisant à son image,
Il l'a d'un seul mot animé,
Sa bonté profonde,
En créant le monde,
A montré des soins bien touchans
Pour ses enfans. (*bis.*)

Même air.

Il manquait encore une amie
Au mortel fait pour le bonheur ;
Le ciel en lui donnant la vie,
Bientôt vint l'offrir à son cœur ;

Mais de sa sagesse,
Mais de sa tendresse,
Sans doute le plus cher présent,
C'est un enfant. (*bis.*)

SCÈNE XIII.

L'HERMITE, COLAS, LUCETTE.

COLAS.

Vous v'là, bon-homme ; j'sommes ben aises d'vous trouver ici.

LUCETTE.

Oui, bon Hermite ; ça nous fait ben plaisir.

L'HERMITE.

Et pourquoi, mes petits amis ?

LUCETTE.

Pourquoi ! c'est que j'ons fait une trouvaille.

L'HERMITE.

Une trouvaille !

COLAS.

Et une belle, encore.

AIR : *N'en demandez pas davantage.*

J'allions tous deux, drès le matin,
Vend', moi mes fruits, all' son laitage,
Et j'suivions tout droit not' chemin,
Le long du ruissiau de c'village ;
Je le traversions :

(*En imitant l'action de remplir d'eau la cruche de Lucette.*)

Mais pour c'que faisions,
Je n'en dirons pas davantage.

COLAS.	LUCETTE.
Je le traversions ;	Il le traversait ;
Mais pour c'que faisions,	Mais pour c'qu'il faisait,
Je n'en dirons davantage.	Y n'en dirait davantage.

LUCETTE.

Oui... Et...

AIR : *Jupiter, un jour en fureur.*

V'là que quand je somme' à ce pré,
Colas a fait cette trouvaille ;
J'voulions la vend' vaille que vaille
Au premier qu'j'ons rencontré ;
Mais comm' j'allions nous en défaire,
Y nous est v'nuz un embarras ;
Ça n'nous appartenait pas (*bis.*)
Et j'ons craint de mal faire. (*bis.*)

L'HERMITE, *à part.*

Quels cœurs honnêtes !...

COLAS.

Même air.

Donnez-nous votre avis, bon-homme,
Puisque vous v'là sur notre route,
Eclaircissez-nous sur ce doute ;
Ce bien peut-il être à nous ?

L'HERMITE, *à part.*

Que de gens, sur-tout dans les villes, affectant de beaux sentimens, en place de ces enfans, seraient moins difficiles ! (*Haut.*) Et quelle est cette trouvaille, mes petits amis ?

COLAS, *en donnant la boëte.*

Tenez ; la v'là...

L'HERMITE, *à part ; interdit.*

Que vois-je ? mon portrait !... O Merinval ! ô mon

fils! ou tu n'es plus, ou toi seul peux l'avoir perdu dans ces lieux... Mais comment?... Par quel hazard?... Eh quoi! rien n'est impossible à la bonté des Dieux... Gardons-nous de découvrir à ces enfans ce qui se passe dans mon âme...

LUCETTE.

Bon papa, comme votre visage a changé!...

COLAS.

Vous n'êtes pas tranquille comme tout-à-l'heure.

L'HERMITE.

Ce n'est rien, mes amis.

AIR: *Viens dans mes bras, mon aimable.*

Les jours ont plus d'épines que de roses;
Quand on est vieux, on a vu bien souffrir.
Souvent les moindres causes,
Mes chers enfans, vous rappellent des choses
Dont vous aviez perdu le souvenir,
Et ce portrait me faisait penser....

SCÈNE XIV.

RAIMONDE, L'HERMITE, COLAS, LUCETTE.

RAIMONDE, *accourant toute agitée.*

BON père! fuyez, sauvez-vous, sauvez-vous; on vous cherche; on en veut à vos jours... J'étais au fond du verger... J'entends des brigands de l'autre côté de la haie. « Il est ici, disait l'un d'eux; il est » ici sous l'habit d'un Hermite; on l'a vu ce matin » autour de ce village; il ne peut en être sorti: ne » laissons point échapper notre proie. » Je n'ai point voulu en entendre davantage. Je me suis mise à courir, & je viens vous apprendre cette fâcheuse nouvelle.

L'HERMITE.

Me voilà donc découvert !... Où fuir ?... où me cacher ?...

RAIMONDE.

Le temps presse, bon papa ; suivez moi dans cette chaumière ; puisse-t-elle être pour vous une retraite bien sûre !

L'HERMITE.

Je me fie à vos soins.

(*Le chef des brigands traverse le théâtre & apperçoit l'Hermite entrer dans la maison de Michaut.*)

SCENE XV.

COLAS, LUCETTE.

LUCETTE.

C'BON Hermite ! le chercher comme ça pour ly faire du mal ! il a c'pendant l'air d'un ben honnête-homme.

COLAS.

Sans doute ; il en a l'air : mais tu sais ben aussi c'que disait encore dernièrement l'Magister d'not' village : qu'i'n' fallait jamais se fier à la mine des gens.

LUCETTE.

Ah ! quoiqu't'en dise, mon frèr', c'bon père m'paraît trop respectable pour qu'i'n' soit pas un ben honnête-homme.

COLAS.

Avec tout ça ; il emporte c'que j'ons trouvé.

LUCETTE.

Laisse faire, vas ; il nous l'rendra, j'en suis sûre : mais on viant.... ce sont les brigands qui courent après lui. Fuyons ; allons appeller à son secours.

SCENE XVI.

LES BRIGANDS.

LE CHEF DES BRIGANDS.

AMIS, c'est dans cette chaumière que je l'ai vu entrer ; voilà assez long-temps que nous sommes à sa poursuite ; saisissons l'instant favorable.

AIR : *De la Chasse du Roi & le Fermier.*

Allons ; suivez mes pas,
Il ne nous échappera pas.

LE CHŒUR.

Allons ; suivons ses pas ;
Il ne nous échappera pas.

LE CHEF DES BRIGANDS.

Vous sçavez tous l'appas
Qu'on a sçu mettre à son trépas.

LES BRIGANDS.

Tous bas.

LE CHEF DES BRIGANDS.

Cent ducats.

LES BRIGANDS.

Cent ducats.

LE CHEF DES BRIGANDS.

Amis; gagnons-les de ce pas.

LE CHŒUR.

Nous sçavons tous, &c.

SCÈNE XVII.

LES BRIGANDS, RAIMONDE.

RAIMONDE, *à la fenêtre de la chaumière.*

AIR: *De la Découpure.*

MESSIEURS, que voulez-vous, là-bas?

LES BRIGANDS.

Nous voulons qu'on ouvre.

RAIMONDE, *à part.*

Gardons qu'on ne le découvre.

(*Aux brigands.*)

Messieurs, cessez tout ce fracas;
Ici, je suis seule, & vous n'entrerez pas.

LES BRIGANDS.

Vous n'ouvrez, vous n'ouvrez, vous n'ouvrez pas,
Votre résistance
Lasse enfin notre patience;
Vous n'ouvrez, vous n'ouvrez, vous n'ouvrez pas;
Sans tant d'embarras,
Mettons la porte en bas.

(*Les brigands enfoncent la porte.*)

SCENE XVIII.

LES BRIGANDS, RAIMONDE, L'HERMITE.

LES BRIGANDS, *moitié dans la maison, moitié sur le théâtre.*

ALLONS; suivez-nous....

RAIMONDE.

Cruels! qu'a-t-il fait, pour l'arracher de mes bras?

LES BRIGANDS.

Point de raisons; finissons...

L'HERMITE.

Amis! pour menacer mes jours, ai-je jamais attenté sur les vôtres?

LES BRIGANDS.

Nous n'entendons rien

(Ils entrainent l'Hermite de force, malgré les efforts de Raimonde qui veut le retenir.)

RAIMONDE.

Barbares!... Rien ne les retient plus; ils l'entraînent. Ah! mon père! ah! Paulin! que n'êtes-vous là pour prendre sa défense!... (*Elle les apperçoit*) Dieux! je les vois. . (*Avec un cri perçant.*) Accourez.

SCENE XIX.

PAULIN, MICHAUT, *sur la hauteur, suivis de Colas & Lucette; l'Hermite, sur un des côtés du theâtre, entraîné par les brigands qui s'enfuient à la vue de Michaut & de Paulin. Raimonde, presque morte, sur le devant de la scène; Citoyens du village de Michaut.*

PAULIN.

RAIMONDE! entendez-vous ses cris, mon père?

MICHAUT.

Et le bon Hermite dans les mains des brigands!

PAULIN.

Volons à son secours.

(*Michaut & Paulin courent après les brigands qui s'enfuient; Colas & Lucette viennent auprès de l'Hermite.*)

RAIMONDE.

Les lâches! ils abandonnent leur proie; Paulin & Michaut les font fuir.

Air nouveau.

Vils assassins; voilà votre partage:
Deux hommes seuls arrêtent vos forfaits;
On ne vit donc le même cœur jamais
Ensemble réunir le crime & le courage.

SCENE XX & *dernière.*

L'HERMITE, MICHAUT, RAIMONDE, COLAS, LUCETTE, PAULIN, *tenant un brigand au col.*

PAULIN.

TRAITRE; confesse le motif de ton crime, ou péris de ma main.

LE BRIGAND.

Vous sçaurez tout; accordez-moi la vie.

PAULIN.

Tu me la demandes!... tu l'auras... Mais dis-moi; pour lui ravir le jour, que t'avois fait ce vieillard?... (*Il lui montre l'Hermite, qui, dans ce moment, reconnaît son fils dans Paulin.*)

L'HERMITE.

Dieux!... le permettez-vous?... Merinval!...

PAULIN, *se jettant entre les bras de son père.*

Mon père!

L'HERMITE.

C'est toi qui viens de sauver mes jours.

PAULIN.

Dans quel état je vous retrouve, mon père!... quel habit! quels signes d'infortune!...

LE BRIGAND *aux Citoyens villageois qui le traitent rudement.*

Faites-moi grace, & vous, brave homme, apprenez que votre mémoire, long-temps proscrite, est enfin réhabilitée; vos ennemis, incertains de votre mort, & craignant des suites funestes pour leur persécution, si vous veniez à reparaître, ont offert cent ducats à qui rapporterait votre tête: la misère, le besoin m'ont fait associer aux scélérats que vous avez vu; & sans votre arrivée, nous allions consommer notre crime.

TOUS ENSEMBLE.

O Dieux!...

LE BRIGAND.

Epargnez-moi... mes remords me déchirent assez...

L'HERMITE.

Amis, je vois le repentir écrit sur son visage; si

son remord peut servir à le corriger, laissons-le aller, & imitons la bonté du ciel qui souvent, sans le frapper, du plus grand coupable, a fait un cœur honnête.

LE BRIGAND.

Vous m'accordez la vie ; tant qu'elle durera, elle servira à défendre les vôtres.

L'HERMITE.

Et vous, mes enfans, vos deux cœurs semblent faits l'un pour l'autre....

QUATUOR.

Air nouveau.

L'HERMITE & MICHAUT.

Au doux objets de tes amours,
Mon fils, | Unis ta destinée.
Ma fille, |
Et qu'une chaîne fortunée
Te fasse passer d'heureux jours.

PAULIN.

Entre mon père & mon amie,
Je sçaurai partager mon cœur.

RAIMONDE.

Douce tendresse & vive ardeur ;
Voilà le bonheur de ma vie.

L'HERMITE.

Amis, ces lieux sont trop chers à mon cœur pour que je les quitte jamais ; bon Michaut, avec vous ici je veux passer le reste de ma vie... Le voulez-vous ?

MICHAUT.

[illegible]gué, ça se demande-ty ?...

L'HERMITE.

L'HERMITE, *en montrant son violon.*

Voilà le seul bien que je veux me réserver ; pour les autres, mes enfans, je vous les abandonne.

(*A Colas & Lucette.*)

Quant à vous, mes petits amis, comptez que votre honnêteté ne restera pas sans récompense ; en attendant, vous desiriez connaître le maître de cette boëte, pour la lui rendre ; tiens, Merinval, tiens, Paulin....

PAULIN.

Votre portrait ! ah ! combien sa perte m'avait été sensible ! Raimonde, tu desirais le voir....

RAIMONDE, *à part.*

Il ne m'avait point trompé....

ODE-VAUDEVILLE.

L'HERMITE.

AIR : *Le fils à Guillaume.*

La vie est un rêve,
Qui, sans durer bien long-temps,
Jamais ne s'achève
Sans événement.

LE CHŒUR.

La vie, &c.

L'HERMITE.

Celui-là commence
Par ses jours les plus joyeux,
Et sans qu'il y pense,
Devient malheureux.

PAULIN.

Cet autre, au contraire,
Qui, dans sa misère,
N'avait sur la terre
Que bien des tourmens,
Quand tourne sa chance,
Reprend l'espérance
Qu'après sa souffrance,
Viendra le bon temps.

LE CHŒUR.

La vie, &c.

MICHAUT.

Nos jours passent vite;
Heureux dans leur fuite,
C'tila qui profite
Des momens de bian,
Si viant la détresse;
Espérons sans cesse;
Jamais la tristesse
Ne sarvit à rian.

LE CHŒUR.

La vie, &c.

RAIMONDE.

Durant le nuage,
L'oiseau du bocage,
Sous le verd feuillage,
Chante ses amours;
Et tout homme sage,
Pendant un orage,
Sans perdre courage,
Pense à ses beaux jours.

LE CHŒUR.

La vie, &c.

L'HERMITE.

Une douce aurore
Pour moi vient d'éclore;
Qui m'annonce encore
Des momens heureux;
Mais dans ma retraite,
Pour être parfaite,
Ma joie inquiète,
Forme encor des vœux:
Et le bon Hermite,
Messieurs, en aura l'espoir,
Si deux fois de suite
Vous venez le voir.

LE CHŒUR.

Et le bon Hermite, &c.

FIN.

www.ingramcontent.com/pod-product-compliance
Lightning Source LLC
LaVergne TN
LVHW020304230826
846091LV00006B/2518

9782012727342